ドイツ統一と天皇

ドイツ駐在の思い出

宮越 極

文芸社

挿絵　油井　久美子

はじめに

今年2019年は、「平成」から「令和」への天皇陛下の代替わりという、日本人にとっては、大変大きな意味のある年と言えると思いますが、その30年前、1989年は、ドイツ人にとって第二次世界大戦後、最も意味のある年であったに違いありません。敗戦後、東西の二つのドイツに引き裂かれた、その厳しい冷ややかな状況を象徴するベルリンの壁が11月9日に突然崩壊したのでした。

2019年2月23日の皇太子として最後となる誕生日の記者会見で今上天皇は、ベルリンの壁崩壊の2年前の1987年に、日独センターのオープニングセレモニーでベルリンを訪問された時に、ベルリンの壁の冷たい印象とその2年後のベルリンの壁崩壊とドイツ統一に触れられるお話をされていたことが、私の琴線に触れました。

当時まだ皇太子ではなかった殿下のベルリン訪問時、浩宮殿下の身辺警護の役割をボンにあった日本大使館で私は担いました。ドイツ警察の警備当局との連絡役でベルリンへも一緒に訪問していた私にとっても、このベルリンの壁の印象はまさに冷たい壁でありました。

殿下がベルリン（当時は西ベルリン）を訪問されたのは、1987年11月7～9日、そのちょうど2年後に、ベルリンの壁が崩壊したのでした。

また、1989年は、昭和天皇（＊）が崩御され、平成に代替わりした年でもありました。1987年3月から1990年3月まで、警察庁から外務省に出向して、当時の西ドイツの首都ボンの日本大使館で、一等書記官のポストにあって、ドイツ統一につながるベルリンの壁崩壊という世紀の大事件に遭遇した私にとって、このドイツ統一と天皇との関係は、なんとも分かちがたく思い出されて仕方がありません。

日本でまだ紹介されていない数々の事柄について思い出しながら、歴史の生き証人の一人として筆を

壁とブランデンブルク門うしろ側（西側）

執ることとした次第です。

＊**昭和天皇**　１９０１（明治34）年４月29日に誕生。１９８９（昭和64）年１月７日崩御。在位期間１９２６（昭和元）年12月25日～１９８９年１月７日。称号迪宮、諱裕仁。

目次

ミュンスター教会

1　ドイツ駐在に選ばれる

1986年夏、警察庁長官官房企画課の課長補佐として、当時の大蔵省、自治省、通商産業省、運輸省等各省庁と、税制改正や白書作成、法令協議の折衝等の真剣の鍔迫り合いで消耗し、足の魚の目は全く治らず、足を引きずるようになるまで悪化していました。ちなみに、警察と税制改正とどういう関係があるのかと疑問をお持ちの方もいるでしょうから、ちょっと脱線しますが補足します。

警察では、これまで交番用地の取得などについては、地元の篤志家の地主さんの協力を得て、比較的スムーズに取得できていました。ところが、バブルの影響で地価が高騰する中、適地を見つけても、地主さんが「交番用地として警察に売るのは構わないが、莫大な譲渡所得税を払わされるのは困る。消防並みに譲渡所得税を減免してもらえないのか」という要望が出てきだし、これを警察庁で取りまとめて、「交番用地の売り主の譲渡所得に対して租税特別措置法による減免対象としてほしい」と、私の前任の補佐の時代から大蔵省に要望書を出していたのでした。

そして、この租税特別措置法の適用を巡る問題については、政府内での各省庁と税制主管の大蔵省や自治省（地方税制）との折衝にとどまらず、自民党の政務調査会の中の税制調査会の小委員会で取り扱われ、そこで実質決定する慣例になっていました。各省庁からの要望書を分厚い冊子にとりまとめ、これを「電話帳」と称して、小委員会の中で、1件1件審査をしていくのです。要望が通ると○、ダメなものは×、検討を要するものは△といった具合です。

小委員会に行く前の大蔵省との折衝では、前年同様、消防の施設については、どんな小さな施設についても租税特別措置法の適用対象となっていることを引き合いに出し、消防と同じかそれ以上に公共性のある交番用地になぜ適用が認められないのかと訴えても、租税特別措置法は例外的に認めるものだから、遅れて要望してきたものは認められないの一点張りで、埒が明かないのでした。

警察の施設については、かつて警察本部や警察署のような大規模施設では、租税特別措置法の適用を認めさせていたのですが、その後消防と違って、交番のような小規模なものについてまで組み込むことを怠っていました。

これを取り戻すのは、もはや税制調査会の小委員会の場しかありません。国会議員に動いてもらうしかないのでした。当時、中核派による自民党本部への焼き討ち事件が発生し、現場でテレビにも映し出されていた浜田幸一議員が、小委員会で発言してくれることになりました。

小委員会は、大蔵省と自治省の担当課長だけの陪席で、関係省庁の役人は部屋には入れません。せいぜい入口のドア近くで聞き耳を立てるしかないのです。その時、浜田議員の大音声が、外まで響いてきました。「今、治安の維持に頑張っている警察が、交番用地の一つを確保するのにも苦労しているのを（加藤六月）小委員長は知っているのか？」の一声でした。そして、前年までほとんど×であったこの問題が、一挙に○になりました。浜田議員にはお礼の挨拶に行くのも恐る恐るでしたが、任侠気《おとこぎ》のある浜田議員からの後難は、全くありませんでした。

それやこれやでくたくたになっていた私に、突然、クモの糸が下りてきました。来春外務省に出向し、警察庁からの7代目のドイツ駐在として西ドイツに赴任せよという内示でした。

それから半年間、茗荷谷にあった外務省研修所で、にわか外交官としてドイツ語をはじめとした研修を受け、ドイツ語に悪戦苦闘しながらも、3か月で魚の目も完治し、ストレス満載の厳しかった課長補佐の業務から脱出して、心ははや西ドイツへと飛んでいたのでした。

1987年3月、妻と男女二人の子供、それに実家金沢で、知り合いの高校の校長先生のつてを頼って採用した高校を卒業したばかりのお手伝いさんを伴って、勇躍西ドイツに赴きました。

当時外務省では、任地での外交官業務のためには、家族で、しかも足りなければ自分でお手伝いさんを雇って赴任することとされていたのです。たしかに、お手伝いさんを伴っていなければ、赴任した国でお客を自宅に招いてのホームパーティーなどの外交官らしい活動ができないということは、ドイツに駐在してみてよくわかりました。妻もお手伝いさんも、本当によくやってくれたと思います。

日本でやったことのないホームパーティーには、ずいぶん苦労しました。カウンターパートのドイツ人を、お世話になっているお礼の気持ちを込めて、ドイツ流に夫人同伴で家に招待して、日本紹介のビデオを見てもらいながら、和食でもてなすというやり方をしていました。

家に入るときに靴を脱いでもらい、スリッパに履き替えてもらうことから説明しなければならない相手も多く、また、日本茶を出すと「魚臭い」というトンチンカンな感想を漏らすドイツ人もいました。

食材もボン市内では日本食の材料が思うように調達できず、週1回、デュッセルドルフから回ってくる日本食料品屋でやっと調達し、ドイツ語はともかく料理で夫を支えようという気持ちもあったのか、子供の世話をお手伝いさんに任せて、日頃いろいろ料理研究をしながら、妻がどうにかこうにかやりくりをしていました。

2 浩宮ではなく徳仁親王殿下！

心躍らせて赴任した西ドイツでしたが、当時の西ドイツの勤務環境は、決して甘いものではありませんでした。一応学生時代、第二外国語としてドイツ語を選択し、外務省研修所でも、三人しかいない研修生を初心者コースと二つに分けて上級者コースのほうに入って習得したはずのドイツ語が、さっぱり通用しないことは、赴任直後に思い知らされました。

業務引き継ぎのために1週間ほど残ってくれていた前任者とカウンターパートに挨拶回りに出かけますが、型どおりの自己紹介をドイツ語でし終わった途端、相手のドイツ人からべらべらと話しかけられるドイツ語が、半分ほどしか聞き取れません。前任者にあとで何を言っていたかを教えてもらって、一息つくわけですが、まさにお先真っ暗とはこの時の心境です。

大使館でも、ドイツ人からの電話がかかってきても、やはり半分くらいしかわかりません。秋葉原で購入した当時最新の録音機で電話を自動録音し、回答はあとで慎重に行いました。新聞やテレビでドイツ語の猛特訓をしていったところ、どうにか3か月後には聞き取れるようになり、胸をなでおろしました。

後年、自分がドイツを離れる際、後任者とカウンターパートへの挨拶回りをした時、後任者から「宮越さん、今、相手はなんと言っていたのですか？」と聞かれ、後任者は当時の自分の立場、そして自分は当時の前任者の立場に立てたのだと密かに誇らしく思ったものでした。

また、第二次世界大戦で、米英仏ソ等の連合国に対し、日独伊三国同盟で共に戦った仲間で比較的親日的だと聞いて赴任した西ドイツでしたが、１９８７年当時、ドイツ国内の空気は、日本に対してずいぶん冷ややかでした。日本は、昭和のバブルの最後の時代、少し前にエズラ・ヴォーゲルの『ジャパン・アズ・ナンバーワン』がベストセラーになった頃、他方、日本車の輸入により、自動車産業が壊滅的と言っていいほどの打撃を被っていたアメリカでは、ジャパンバッシングが起こっていました。

自動車王国のアメリカでのこの反応は、実はベンツやＢＭＷに象徴されるドイツ（まさにドイツこそ自動車王国だったのです）でも、形を変えて現れていました。打ち壊しこそなかったものの、ドイツを代表する高級週刊誌「デア・シュピーゲル」が日本特集を組んで、その中で、黒いスーツに眼鏡をかけ鞄を持った日本人は誰も皆一様で、休暇も取らずワーカホリックに稼ぎまくり、そのくせ温泉地で「女体盛り」にうつつを抜かす好色で、下品な連中であるという日本人像です。また、ドイツの誇る無料の高速道路アウトバーンを、日本車が我が物顔で走っているという報道もありました。

このような冷ややかな空気の中で、日本は、1987年11月8日の西ベルリンの日独センター（現在日本大使館）のオープニング・セレモニーに、浩宮殿下に訪独していただくことを決定していました。

この西ベルリンのティアガルテンの中にある日独センターは、戦前の日本大使館の建物で、隣には、「日独伊三国同盟」よろしくイタリア大使館が建っていました。第二次世界大戦で破壊されたその旧日本大使館の建物を「日独の交流の場―日独センター」として再建しようと、数年前に訪独した中曽根総理とコール首相との間で取り決められ、完成のオープニング式典に日本から浩宮殿下が派遣されたのでした。その警備の大使館での責任者を、私が務めたことは言うまでもありません。一年目の私の最大の懸案事項でした。

警備は、不自由なドイツ語を駆使して関係当局と折衝する中で、大変な苦労がありましたが、ドイツ警察（連邦刑事庁）の警備当局の協力を得て、つつがなく果たせました。そしてベルリンのみならず、ボンをはじめ、ミュンヘン、ローテンブルクと殿下のお供をして見て回ったのです。

　ドイツ警察の警備当局との折衝で助けられたのは、西独駐在の歴代警察アタッシェが築いてくれた人脈でした。ドイツでは、一般的に警察業務は州政府の業務で、連邦政府が出てくることはあまりないのですが、テロ問題や大統領をはじめとする国の要人や訪独した外国要人に対する警備の業務などは連邦政府の所管として、連邦内務省の外局である連邦刑事庁（ブンデスクリミナルアムトＢＫＡ）の任務とされていました。ヘッセン州の州都ヴィースバーデンに本部のあるその連邦刑事庁のツァッヘルト副長官は、祖父が戦前日本の旧制松本高校のドイツ語教師で、その妻の日本女性との間の娘さんがお母さんだったのでした。すなわち、副長官の母親は日独のハーフで、ボンに住んで地元の独日友好協会の役員も務めながら、ボン滞在の日本人のお世話もしてくれていたのでした。

　その副長官とは私の5代前の城内康光元警察庁長官の時代から交流があり、その人脈のおかげで、私も、浩宮殿下の警備（日本では皇族の警備については「警衛」という特別の言い方をします）について、日本側からくるやや過剰とも思えるような注文への対処にずいぶん便宜を図ってもらいました。とはいえ、浩宮殿下はまだ皇太子でもないので、3段階あるドイツの警備体制の格付けでは、一番下の格付けにならざるを得ませんでした。日本側の厳しい注文に応えるためにはこの格付けでは不十分という感触を得ていた私は、ボン郊外のメッケンハイムにある警備総局に陳情に行きました。

皇室もターゲットにしている日本赤軍の動きがドイツでもありうることや、外交儀礼上は中東の王族などと同じように、たしかに天皇の孫の一人にすぎないが、次の皇太子になる方への日本人の特別な感情も考慮してくれと説得に努めました。

その時のメッケンハイムの警備総局の担当課長の質問は、痛いところを突いてきました。

「そんな大事な方で、銃撃の危険もあるというなら、日本からついてくる警備官はなぜ銃を持ってこないのか?」

この質問に、「日本は銃刀法によって銃所持を厳しく規制しており、国内での外国要人の警備も日本の警察官だけが銃を所持して当たり、アメリカのシークレット・サービスにさえ銃を持ち込ませないので、相互主義の立場から、外国で警備する場合には、その国の警察に任せて、警備官でも日本から銃は持ち込まないようにしているのだ」と答えましたが、「それでも殿下に銃を向けるような者が出てきたらどうするのだ?」と食い下がられた時には、自分の気持ちが舞い上がってしまいました。

「その時には車列でリエーゾンをしている自分が警察官に戻って、殿下の前に立ち、この体で銃弾を受け止める」と言った途端、目頭が熱くなってきました。これを見て課長は、「わかった。あなたがそこまで言うなら、今度の警備は格付けを1ランク上げて行う」と言ってくれたのでした。火事場の馬鹿力でした。

ベルリンのあとの訪問地であるミュンヘンでは、シュトラウス（＊1）バイエルン州首相との会談の取り付けに大使館は苦労し、15分しか取れませんでした。おそらく、日本に対するドイツ人の冷ややかな空気がシュトラウス氏にも反映していたのでしょう。シュトラウス氏は、連邦のコール（＊2）政権、すなわちCDU・CSU（キリスト教民主・社会同盟）の同盟政権と称される政権与党の一翼、連邦レベルのCDU（キリスト教民主同盟）と同様に、キリスト教を基盤としながらもバイエルン州だけを選挙区とする地域政党CSU（キリスト教社会同盟）の党首であり、かつては連邦首相候補にもなった大物政治家だったのです。

殿下が首相官邸に到着し、応接室で通訳を入れただけの一対一の会談が始まり、固唾をのんで見守っていました。15分のはずの予定時間が倍の30分を過ぎて、シュトラウス首相が満面の笑みをたたえながら先導して応接室を出てきて、玄関まで恭しく殿下を見送りました。その時、事前の打ち合わせでシュトラウス首相とやり取りしていた官房長官が、「浩宮との会談はいかがでしたか？」と声をかけました。その言葉をシュトラウス首相はビシッとさえぎり、「浩宮じゃない。徳仁親王殿下だぞ」とたしなめたのです。

ドイツ語では、浩宮さまは「プリンツ・ヒロ」、正式の敬称の徳仁親王殿下は「ザイネカイザーリッヒェホーハイト・プリンツ・ナルヒト」であり、官房長官との事前の打ち合わせでは、自らもプリンツ・ヒロと呼んでいたシュトラウス氏が、会談後見事に豹変し、プリンツ・ヒロとぞんざいな言い方をし続けた官房長官を叱りつけたわけです。

第二次世界大戦の終戦後、昭和天皇とGHQ総司令官のマッカーサー（＊3）が初めて会見をした時、傲岸とも思えたマッカーサーの態度が会見終了後に鄭重なものへと一変していた事実と重なるではありませんか。ドイツでの日本人像を覆してくれた皇室外交の力を、私がまざまざと実感した瞬間でした。

そして、浩宮殿下のベルリン訪問は、1987年11月7〜9日であり、そのちょうど2年後の1989年11月9日に、ベルリンの壁が崩壊したことに、偶然とはいえ、形容しがたい歴史の綾を感じてならないのです。

また、ドイツの警備当局といろいろ折衝する中で、ドイツ側から発された質問の一つが私の心を揺さぶりました。「日本の皇室には名字（姓）がないらしいが本当か？」と聞いてきたのです。日本では全く意識していなかったことですが、たしかにそうです。「源平藤橘」といった名字は、皇族が臣籍降下した時に与えられるものです。そのことを思い出し、私も「そのとおりだ。あえて名字をつけるとすれば日本なのだろう」と答え、質問者は、「ヨーロッパでもローマ皇帝以来そうなので理解できる」とのことでしたが、ドイツ人が名字にこだわる話には、イギリスとの関係である微妙な問題が隠されていたのでした。

イギリス王室には、本来名字はありません。王様は、ヘンリーとかアーサーとか下の名前だけなのです。しかし、現在のイギリス王室は、イギリス名らしい「ウインザー家」を名乗っています。ウインザー家の出自だというわけですが、これは、今のイギリス王室は、名誉革命後、ドイツのハノーバー公からイギリス王になったため、もともとハノーバー家の出自のドイツ人であったことをカモフラージュするために、あとから作ったものだと言われています。第二次世界大戦の、敵国のドイツ出身であるという「イギリス王室の秘密」を目立たせない工夫が必要だったのでした。

ちなみに、ドイツ系という点では、今のドナルド・トランプ米大統領が初めてのドイツ系米国大統領であることは、ドイツでも注目されており、ドイツで一番発行部数が多いと言われている日刊の「ビルト」紙には、トランプ大統領の日々の動静を伝えるコーナーが設けられていました。

バイエルン州の隣のバーデン＝ヴュルテンベルク州の南部の田舎町に今でも、トランプ大統領の先祖の実家が残っており、ワイン農家だった実家から腕に散髪の技能があった祖父が、第一次世界大戦の兵役を避けてアメリカに渡り、折からゴールドラッシュに沸く米西部で、その労働者たちの散髪で貯めた小金で売春宿を経営して儲けたあと、ニューヨークに土地を買って不動産業を始めたのが、不動産王トランプ王国の始まりのようです。日系アメリカ人についての言い方をまねれば、トランプ大統領は、「独系3世アメリカ人」となるのでした。

かつてはスウェーデン出身と言っていた時期もあったらしいのですが、大統領就任後、ドイツ系であることを広く世間に知られて隠す必要もなくなってから、ドイツ系であることの感想を求められたトランプ氏は、「時間に厳格なことや非常に勤勉だというようなドイツ人の美徳を、自分も持っていることを誇りに思っている」と答えています。

アイゼンハウアー米元大統領も、名前からしてドイツ系とみられるのですが、彼はスイス出身なので、除かれています。

＊1　**シュトラウス**　フランツ・ヨーゼフ・シュトラウス。1915年9月6日～1988年10月3日。CSU党首、バイエルン州首相を長く務め、西ドイツ保守政治家の雄として君臨した。

＊2　**コール**　ヘルムート・ヨーゼフ・ミヒャエル・コール。1930年4月3日～2017年6月16日。1982年から1998年まで戦後最長記録の16年間、第6代ドイツ連邦共和国首相を務め、その間1990年に、東西に分裂していたドイツの再統一を成し遂げた。

＊3　**マッカーサー**　ダグラス・マッカーサー。1880年1月26日～1964年4月5日。太平洋戦争後の連合国軍最高司令官で、その指揮下の連合国軍総司令部GHQにより日本の占領統治が行われた。1945年9月27日に、アメリカ大使館で、昭和天皇との会見が行われた。

3　ドイツ帝国が世界を破滅させる？

数年前、文庫部門の新刊のベストセラーは、フランスの歴史人口学者・家族人類学者のエマニュエル・トッド氏の『「ドイツ帝国」が世界を破滅させる』でした。刺激的なタイトルのこの本に、折からギリシャのデフォルト問題の生殺与奪の権をドイツが握っていたことを重ね合わせ、興味を持った読者が多かったに違いありません。

私は前述のとおり、１９８７（昭和62）年３月から１９９０（平成２）年３月まで、警察庁から外務省に出向し、旧西ドイツの首都ボンで、駐ドイツ連邦共和国日本国大使館一等書記官というポストで、最後の東西冷戦時代の西ドイツ勤務という貴重な経験をさせてもらいました。

当時、まさか在任中にベルリンの壁が崩壊するとは思いもよらず、ましてや帰国後わずか半年ほどで東西ドイツが統一するとは予想していなかったのですが、１９９０年10月３日、見事にドイツは統一しました。

しかし、統一後のドイツは、東の吸収合併の負担の重さに長い間あえぎ続け、21世紀に入ってからも、統一前の東ドイツの時代を懐かしむ声さえ噴出して、その前途は非常に厳しいものでした。

したがって、私には、あの苦しみもがいたドイツがよくぞ帝国とまで言われるようになったなという感慨が湧きこそすれ、ドイツ帝国が世界を破滅させるというのは、ちょっとドイツ人には酷すぎると思ったのです。特に、ＥＵ（欧州連合）の共通通貨ユーロのメリットをドイツだけが独占して、ＥＵ圏のみならず周辺国へも経済覇権を及ぼしており、ＥＵの中でフランスはドイツの属国に成り下がっているとの立論は、ユーロ導入の経緯をフランス人のトッド氏が知らないはずはないのに、ちょっと身びいきがすぎないかと言いたくなります。もっとも、トッド氏からすれば、私のほうがドイツに肩入れしすぎていると言うでしょうが。

統一ドイツの経済苦境からの脱出、発展の基礎となった今のメルケル（＊1）政権の前の、社会民主党（ＳＰＤ）のシュレーダー（＊2）政権の経済改革について、詳細を申し上げることは控えますが、日本もこの構造改革に見習うべきことがあるかと思います。これから、その前の段階であるベルリンの壁の崩壊からドイツ統一、そして冷戦の終結という歴史の大転換の過程について、私の見聞に基づき、いろいろお話ししたいと思います。

＊1　**メルケル**　アンゲラ・ドロテア・メルケル。１９５４年7月17日～。２０００年から、ドイツキリスト教民主同盟ＣＤＵの党首を務め、２００５年11月22日に第8代ドイツ連邦共和国首相に就任した。

＊2　**シュレーダー**　ゲアハルト・フリッツ・クルト・シュレーダー。１９４４年4月7日～。同盟90／緑の党との連立政権で、１９９８年から２００５年まで第7代ドイツ連邦共和国首相を務めた。

4　冷戦下の朝鮮半島とソ連

少し遡りますが、最後の冷戦時代の西ドイツに赴任する前に、私自身が冷戦を実感した体験談をお話しします。冷戦構造が日本にどのような影響を与えていたのかを理解していただく手がかりになると思います。

警察庁に1977年に入庁し、警視に昇任して、1980年8月に、秋田県警察本部警備部警備第一課長のポストに就きました。そして秋田での新米課長の2年目、1981年8月5日に、「男鹿脇本事件」が発生しました。

在日の韓国人青年が東京で働いているうちに北朝鮮の工作員の働きかけを受け、1981年7月5日、東京から秋田に汽車に乗って北上し、秋田県の「なまはげ」の風習で有名な男鹿半島の付け根の脇本海岸で、ゴムボートの出迎えを受け、工作船に乗り移って北朝鮮に密出国。「招待所」で金日成（＊1）の韓国革命のためのチュチェ（主体）思想の勉強をし、ちょうどひと月後のこの日に、脇本海岸の沖合いで工作船から乗り換え、ゴムボートで二人の工作員に付き添われて砂浜海岸に着いたところを、折から沿岸警備をしていた秋田県警察に密入国の入管法違反で検挙されたのでした。検挙した秋田県警察の担当は、まさに私の部下たちであったわけです。

翌日、地元の全国紙の朝刊に入管法違反事件の一報が出されると、朝鮮総連などの激しい抗議活動や裁判闘争が展開されましたが、担当の男鹿警察署の刑事課長の情理を尽くした渾身の取調べや東京への出張捜査による周到な裏付け活動もあって、北朝鮮工作員にリクルート（包摂）されかけたI青年の全面自供を得て、秋田地方裁判所による有罪判決が確定して事件は終息しました。

当時、警察は、日本海沿岸が北朝鮮の工作員等に利用されていることはつかんでおり、沿岸警戒をしていたのですが、横田めぐみさんは、すでに4年前に新潟で拉致されていたのです。

翌年、私は、警視庁公安部の外事第一課の課長代理に異動しました。そこで待っていたのが「レフチェンコ事件」です。

ソ連KGB（＊2）の少佐で、東京で「ノーボエ・ブレーミヤ」という雑誌の記者の肩書で活動していたスタニスラフ・レフチェンコという人物が、1979年に米に亡命し、1982年になって米議会下院の情報特別委員会の秘密聴聞会で、自分の日本での活動を含めてソ連の対日諸工作を証言しました。その後、同年末に日本にも伝えられ、政界、財界、マスコミを含めて大騒ぎになりました。逮捕者こそ出ませんでしたが、当時のソ連の対日工作については、我々の捜査を通じて、「ソ連の積極工作・アクティブメジャーズ」として「信憑性が高い」と世間に初めて紹介されました。

レフチェンコから「周恩来の遺書」の偽情報をつかまされて新聞に大きく掲載してしまった産経新聞の編集局長が突然辞任するなど、大きな社会的影響があり、当時中曽根内閣（＊3）の後藤田官房長官（＊4）の一番の懸案事項だったそうです。

＊1　**金日成**　キム・イルソン。1912年4月15日～1994年7月8日。朝鮮の革命家・独立運動家で、北朝鮮の政治家・軍人。第二次世界大戦後、ソビエト連邦の支持の下、北朝鮮に朝鮮民主主義人民共和国を建国し、その後、朝鮮労働党総書記・国家主席・朝鮮人民軍最高司令官として党・国家・軍の最高権力を掌握し、独裁体制を確立した。金正日の父にして、金正恩の祖父である。

＊2　**ソ連KGB**　ソ連国家保安委員会の英語略称。KGBは、1954年からソ連崩壊（1991年）まで存在したソビエト社会主義共和国連邦の情報機関・秘密警察で、軍の監視や国境警備も担当していた。

＊3　**中曽根内閣**　中曽根康弘。1918年5月27日～。1982年鈴木善幸内閣のあとを受け、第71代内閣総理大臣に就任。第3次中曽根内閣後、1987年に退陣した。

＊4　**後藤田官房長官**　後藤田正晴。1914年8月9日～2005年9月19日。警察庁長官を退官後、政界入りし、第一次中曽根内閣で官房長官を務めた。

5 西ドイツの首都ボン

今では首都ベルリンが定着し、忘れられがちですが、1949年から1990年までは、西ドイツはボンという小さな町が首都だったのです。大国ドイツの首都というには人口28万人と、パリやロンドンと比べてあまりにも小さく、口の悪い外交団からは、首都でなく首村（ブンデスハウプトドルフ）と呼ばれていましたが、ボン市民は、その歴史に誇りを持っていました。

「シーザー（＊1）のガリア遠征」以来、ローマ軍がゲルマン民族の居住していたこの地に攻め込んできて、ライン川沿いのボンにも軍事拠点が置かれ、そのためラテン語でよいところを意味するBONNからこの町が命名されたという言い伝えです。ローマの歴史書に軍事拠点ボンが登場するのは、1989年からちょうど2000年前、紀元前11年というのですから、気の遠くなるような話です。そして、ボンから50キロほど北の大都市ケルンには、中世ドイツ最大の教会が置かれ、その大司教の邸宅はボンにありました。邸宅はのちにボン大学に置き換わり、共産主義の元祖カール・マルクス（＊2）も、ドイツの各大学の中でも名門のボン大学で学んでいます。

オーストリアのウィーンで活躍した楽聖ベートーヴェンが生まれた家（ゲブルツハウス）もボンに残っており、市庁舎のすぐ近くにあるベートーヴェンの生家は、ボン最大の観光名所です。そこを訪れると、ベートーヴェンが生前使ったホルンのような大きな補聴器が展示されていて、胸を打たれます。

また、戦後西ドイツの初代首相アデナウアー（＊3）はケルン生まれで、戦前はケルンの市長でした。しかし、反ナチス的とにらまれて市長の座を追われ、ナチスの迫害を受けてしまいます。そんな中、辛うじて生き延びて、戦後首相となったのですが、西独の首都をフランクフルトとするかボンとするかの分かれ道の時に僅差でボンとなったのは、ボンの郊外レンドルフ村に住んでいた彼の功績と言われています。

宿敵フランスとの関係修復を重視し、仏のド・ゴール（＊4）大統領と組んで、仏独基本のヨーロッパの枠組みで独の地位を高めていったアデナウアーの政策は、今も独の保守政界、すなわち壁崩壊当時のコール政権から現メルケル政権に至るまで、脈々と引き継がれているのです。

ところで、ローマ軍のゲルマン遠征からのボンの町の歴史に触れたところで、１９８７

年当時、私がドイツ人とのお付き合いの中で、一般のドイツ人の対日感情の一端を手厳しく味わわされた出来事をお話しします。

警察庁からの出向でドイツに駐在していた私の大使館での仕事は警備業務ばかりでなく、当然警察庁の業務全般についての便宜供与等の事務も含まれていました。ちょうど赴任から半年くらい経過した頃、ドイツの連邦交通安全協会の年次総会のイベントの一つとして、「日本の交通安全対策」について日本の警察からゲストを招き講演をしてもらいたいという要請が舞い込んできました。

ハンブルクで行われたその総会に、警察庁交通局から優秀な課長補佐を派遣してもらい、私がドイツ語の翻訳文を用意したうえで、彼は通訳付きで日本語で講演をしました。日本の交通安全対策も、ドイツに負けず、なかなか頑張っているなという好意的な反応でした。印象的な出来事は、総会終了後のパーティーで起こりました。

簡素な立食の丸テーブルをドイツの連邦交通安全協会の役員と一緒に囲んだのですが、隣り合わせた女性役員の態度がよそよそしく、話の糸口がつかめません。そこで私は、ドイツに赴任するにあたって、ローマの歴史家タキトゥス（＊5）の『ゲルマニア』を読んで勉強してきたのだという話をしました。そして、『ゲルマニア』の中で、ドイツの祖先、ゲルマニアの社会では、当時から女性があなたのように力を持っていたことが紹介されていましたねと、外交辞令を少し交えて話を進めました。タキトゥスの『ゲルマニア』の話の効果はてきめんで、彼女は話に乗ってきました。「日本の最近の経済発展は素晴らしいですね。ドイツも追い越されてしまいました」と語ってくれたことに有頂天になった私は、「日本は明治以来欧米の歴史に学び、ここまで来ました。しかし、日本自身の歴史にも面白いものがありますので、ドイツでも興味を持ってもらえればうれしいです」と言った途端、立食のグラスワインで少し紅潮していた彼女の顔色が、いっぺんに青ざめました。「なんですって。日本の歴史を学べというのですか。我々ドイツ人、欧州人が、アジアの辺境の地にある日本の歴史を学ぶ必要なんてありますか。世界の歴史は、我々欧州人が作ったものです」と真顔で言われてしまいました。

私は、「そうですね。あなた方欧州人は、アジアにたくさん植民地を作りましたからね」と皮肉で返しましたが、せっかくのドイツ人との会話はそこで途切れました。

一般のドイツ人の、日本やアジアに対する見方の典型例をこれで知ることができたのは有益でしたが、友好第一の外交官としては未熟だったなと反省している次第です。

このような話を紹介すると、ドイツ人とは、アジアや日本に対してそういう見下した見方しかできない連中ばかりなのかと思われるかもしれません。でも、もちろん、そうではありません。

第一、ハンブルクで行われたドイツの連邦交通安全協会の総会への招待は、同協会の専務理事から来たものでしたが、彼が「日本から学ぶものなんかない」という考えの持ち主だったなら、わざわざ日本から講師を招いて日本の交通安全対策について講演させようという発想が出てくるわけがないのです。

この2年後、私は交通局関係のかなり大きな負担となった便宜供与に携わり、それを確認できたので、ここで紹介しましょう。

１９８９年の12月のことですが、日本でＮＨＫが特集したテレビ番組が交通関係者の間で大きな話題になりました。それは、のちに「西独死者半減、日本死者急増」という衝撃的な帯付きの単行本となり、ベストセラーになったのですが、「死者」とは、交通事故死者のことでした。

西独では10年間で死者を半減させるという目標を立て、見事に実現したのに、日本は半減どころか１９８９年は死者が急増している。ドイツの交通安全対策が交通事故の詳細分析や車両の保安基準、アウトバーンの管理、交通安全運動など総合的な対策で非常に優れており、日本は立ち遅れているという論旨でした。

この番組の反響はものすごく大きく、日本の交通関係各省庁、すなわち、当時の総理府交通安全対策室や、建設省、運輸省、警察庁などから、外務省を通じてドイツの日本大使館に便宜供与依頼が殺到し、運輸省からのものを運輸省出身の書記官が対応したのを除き、すべて私が対応したのでした。日本からドイツの主管省庁である連邦交通省や連邦建設省、関係団体、研究所などに出張して調査したいので、そのアポイントの取り付けを行うほか、同行して場合によっては通訳も行うというものでした。

この時、ドイツ連邦交通安全協会へ行って、ドイツの交通安全運動のヒアリングも行いましたが、一番お世話になったのは、連邦交通省の自動車局の筆頭課である第一課でした。同課では、ドイツの交通安全対策を総合的な交通安全対策として、かなり分厚い冊子を作って要領よく説明してくれたのでした。

同課を、建設省からの出張者の次に総理府からの出張者を案内し、三番目に警察庁からの出張者を伴って訪問した時のことです。日本からの出張者の毎回同じような質問に少し辟易しながらも、丁寧に答えてくれていた同課のイプセン課長に対し、私が外交辞令も交えて、「ドイツの総合的な交通安全対策は本当にすごいですね。この由来はどこにあるのですか?」と聞いたところ、その時初めて、少し恥ずかしそうな顔つきを見せて、彼は言ったのです。

「連邦と州と市町村、さらには民間とが一体となって取り組んでいるこのドイツの総合的な交通安全対策は、実は、20年ほど前に日本で交通安全対策基本法というものができ、総合的交通安全対策が始まったということを聞き、それを研究してドイツが採り入れたものなのです。当時は、今の皆さんと同じように、我々のほうが日本に出張に行って勉強しました」と。

日本の「交通安全対策基本法」は、１９７０年6月1日の成立です。日本の交通事故死者数が昭和30年代以降、日清戦争での日本側の戦死者数（2年間で1万７２８２人）を上回る勢いで増加し、「交通戦争」と呼ばれるようになりました。これを打開するため、国及び地方公共団体の交通の安全に関する責務を明らかにするとともに、国及び地方公共団体を通じて必要な体制を確立し、並びに交通安全計画の策定その他国及び地方公共団体の施策の基本を定めることにより、交通安全対策の総合的かつ計画的な推進を図るとするものでした。この基本法が定められた１９７０年が交通戦争による交通事故死者のピークで、1万６７６５人に達しましたが、以後減少に転じ、１９７９年には死者８０４８人と、ピーク時の半分にまで減少していたのでした。

警察庁からの出張者がびっくりするとともに、「日本の交通安全対策もまんざら捨てたものではない」と自信を持って帰国できたことはもちろんですが、ＮＨＫの取材でもこの話が紹介されることはなく、また、私の三度目の課長とのヒアリングでようやく出てきた話ということでわかるとおり、誇り高きドイツ人が「日本から見習った」ということを積極的に話すわけがないのでした。

日本人と同様に進取の気性に富むドイツ人は、「遅れているアジア、日本」からでも、いいものがあればそれを見つけ出して吸収していくという努力を怠らない人たちでもあったのです。

＊1　**シーザー**　ジュリアス・シーザー。古典ラテン語ではガイウス・ユリウス・カエサル。紀元前100年～紀元前44年3月15日。ローマ共和政期の傑出した軍人で政治家、文筆家としても有名。ガリア遠征を終え、終身独裁官の地位に就いた後、暗殺された。『ガリア戦記』を執筆した。

＊2　**カール・マルクス**　カール・ハインリヒ・マルクス。1818年5月5日～1883年3月14日。ドイツ・プロイセン王国トリーア出身の哲学者、思想家、経済学者、革命家。フリードリヒ・エンゲルスの協力を得ながら科学的社会主義（マルクス主義）を打ち立て、資本主義の高度な発展により共産主義社会が到来する必然性を説いた。ボン大学とベルリン大学に学び、現在、ベルリン大学（フンボルト大学）の正面入り口から2階に上がる階段踊り場には、『フォイエルバッハに関するテーゼ』の中の有名な一節、「哲学者たちはこれまで世界をさまざまに解釈してきただけである。問題は世界を変革することである」とのマルクスの言葉が、ドイツ語で大きくパネル展示されている。

＊3　**アデナウアー**　コンラート・ヘルマン・ヨーゼフ・アデナウアー。1876年1月5日～1967年4月19日。1949年～1963年、ドイツ連邦共和国（西ドイツ）初

代首相で、ドイツキリスト教民主同盟（ＣＤＵ）の初代党首を務めた。

＊４　**ド・ゴール**　シャルル・アンドレ・ジョゼフ・ピエール＝マリ・ド・ゴール。１８９０年11月22日～１９７０年11月９日。第二次世界大戦で本国失陥後レジスタンスと共闘してナチスドイツと戦い、戦後首相を経て１９５９年～１９６９年、第18代フランス大統領としてフランスの発展に努めた。

＊５　**タキトゥス**　コルネリウス・タキトゥス。55年頃～１２０年頃。帝政期ローマの政治家、歴史家。98年『ゲルマニア』で、ゲルマニア地方の風土や、その住民の慣習、性質、社会制度、伝承などについてラテン語で記述した。

6 突然やってきたベルリンの壁崩壊！

小さいながらも歴史と伝統のある美しいボンの町で、家族で車（日本からのお客のスーツケースを2個積むことができる、大き目のトランクの付いたベンツを前任者から勧められて購入した、白のベンツ230E）で外国旅行（西ドイツと直接国境を接しているフランスやスイス、オーストリア、ベネルクス三国と言われるベルギー、オランダ、ルクセンブルクにチェコスロバキアなど）ができるというような、日本にいた時に比べれば、考えられない平穏な落ち着いた時を私が過ごしていた頃、国際情勢は水面下で激しく変化していました。

西ドイツに赴任するにあたっては、外務省から参考文献として三省堂の『ドイツハンドブック』を持っていくように薦められ、ボンでの生活に大変重宝していました。1984年6月25日に第一刷が発行されたその本には、「ドイツの政治状況」として、「第二次世界大戦の敗北と戦勝四大国による分割占領、それにつづく東西世界間の冷戦激化を経て、東西ドイツは、根本的に体制を異にする二つの国になった。両ドイツともそれぞれの体制の側に深く組み入れられて今日に至っている。両者を分ける「壁」――東西ベルリン間のそれを含めて――はますます固められ、近い将来、これが取り払われてドイツが再統一される可能性は予見されていない」と書かれていました。

これを裏付けるかのように、赴任後3年目の1989年になってからも、西独政府のボン市内の中央官庁、連邦法務省や連邦建設省の新築整備の動きに合わせて、雑居ビルの2フロアを借り上げただけの日本大使館の建物も、市内に用地を取得して、独立の建物を新築しようとしていました。西独政府は、東独と統一して本来の首都であるベルリンへ移転することをもはや断念し、ボン市内での本格的な官庁街の整備に踏み切ったのだとみていたのです。

しかし、1989年は、大変化の年でもありました。1月7日に昭和天皇が崩御され、「平成」となったのです。そして11月9日、突然ベルリンの壁が崩壊したのです。

恥ずかしながら当時は、正直言って訳がわかりませんでした。それは突然始まったのか？　そんなふうにも思えました。しかし、歴史に数々の奇跡はありますが、それには必ず引き金となる出来事があるものです。ベルリンの壁の崩壊、そしてドイツの再統一、冷戦の終了という一連の出来事は、冷静に振り返れば、ゴルバチョフ（＊）の登場がそのき

料金受取人払郵便

新宿局承認

1409

差出有効期間
2021年6月
30日まで

（切手不要）

郵便はがき

1 6 0-8 7 9 1

1 4 1

東京都新宿区新宿1－10－1

(株)文芸社

愛読者カード係 行

お名前《ふりがな》			明治 大正 昭和 平成 年生 歳	
ご住所《ふりがな》	□□□-□□□□			性別 男・女
お電話番号	（書籍ご注文の際に必要です）	ご職業		
E-mail				
ご購読雑誌（複数可）		ご購読新聞 新聞		

最近読んでおもしろかった本や今後、とりあげてほしいテーマをお教えください。

ご自分の研究成果や経験、お考え等を出版してみたいというお気持ちはありますか。

ある　ない　内容・テーマ（　　　）

現在完成した作品をお持ちですか。

ある　ない　ジャンル・原稿量（　　　）

書　名			
お買上 書　店	都道 府県　　　市区 郡	書店名	書店
		ご購入日	年　月　日

本書をどこでお知りになりましたか?
1.書店店頭　2.知人にすすめられて　3.インターネット(サイト名　　　)
4.DMハガキ　5.広告、記事を見て(新聞、雑誌名　　　)

上の質問に関連して、ご購入の決め手となったのは?
1.タイトル　2.著者　3.内容　4.カバーデザイン　5.帯
その他ご自由にお書きください。
(　　　)

本書についてのご意見、ご感想をお聞かせください。
①内容について

②カバー、タイトル、帯について

弊社Webサイトからもご意見、ご感想をお寄せいただけます。

ご協力ありがとうございました。
※お寄せいただいたご意見、ご感想は新聞広告等で匿名にて使わせていただくことがあります。
※お客様の個人情報は、小社からの連絡のみに使用します。社外に提供することは一切ありません。

■書籍のご注文は、お近くの書店または、ブックサービス(0120-29-9625)、セブンネットショッピング(http://7net.omni7.jp/)にお申し込み下さい。

っかけと言えるでしょう。

冷戦の一方の旗頭ソ連でしたが、アフガニスタンへの軍事介入の失敗などで社会は停滞し、１９８５年にソ連共産党書記長となったゴルバチョフは、情報公開の「グラスノスチ」と社会改革の「ペレストロイカ」を標榜して大変革を試みます。それがベルリンの壁の崩壊にまでつながります。

＊　**ゴルバチョフ**　ミハイル・セルゲーエヴィチ・ゴルバチョフ。1931年3月2日～。ソビエト連邦及びロシア連邦の政治家で、ソ連最後の最高指導者。1985年3月にソビエト連邦共産党書記長に就任し、ソ連の内外政策の刷新に努めた。

7　二つのドイツ

一挙にベルリンの壁の崩壊に飛ぶ前に、二つのドイツの成立とその固定化についてお話ししましょう。

日本より一足早く1945年5月8日に敗戦・降伏していたヒトラー総統（＊1）のドイツですが、米英仏ソ連合軍の占領下に置かれ、その後、米英仏とスターリン（＊2）のソ連との対立が深まる中で、1949年、それぞれの占領地で別々に西側「ドイツ連邦共和国BRD（ベーエルデー）」、東側「ドイツ民主共和国DDR（デーデーエル）」として誕生しました。その直前には、西ベルリンでの社会主義革命蜂起を期待して、ソ連が西ドイツと西ベルリン間の陸上交通を封鎖する「ベルリン封鎖」まで行われましたが、米空軍を中心として、これを西ベルリンに物資を大量空輸する「空の架け橋作戦」でしのぎ、東ドイツの領域内で西ベルリンを残す形で、それぞれ独立したのです。

そして、1961年8月13日には、東ベルリンからの人口の流出を防ぐため、「ベルリンの壁」が建設されました。

当時のソ連フルシチョフ（＊3）の承認の下で行われたこの事態に対し、首相のアデナウアーにも、米大統領のケネディ（＊4）にも阻止する術はありませんでした。

その後、キューバ危機等を乗り切ったケネディは、1963年6月26日、西ドイツ、西ベルリンを訪問し、全世界の自由主義陣営の最前線に立って頑張っている西ベルリン市民を讃えた「イッヒビンアインベルリーナー（私はベルリン市民である）」のドイツ語を織り込んだ演説で、ドイツ人の心を捉えました。5か月後、ダラスで暗殺されたケネディの名前を冠した通りや橋の多さが、ドイツでのケネディ人気を物語っています。

1949年5月23日に、統一前の暫定憲法という意識から、「グルントゲゼッツ」基本法という名前での事実上の憲法の下に、西ドイツは誕生しました。東側が含まれていない、またあえて言えば当然ドイツ領として帰属すべきポーランド領の一部等も意識して、その前文に「全ドイツ国民は、自由な自己決定により、ドイツの統一及び自由を完成することを引き続き要請されている」と記されていました。

他方、東ドイツは、同年10月7日に、ドイツ語で憲法を意味する「フェアファッスング」の下に誕生しました。1953年6月17日には、大規模な反ソ暴動も起こりましたが、ソ連軍戦車で鎮圧され、西ドイツでは、この日を、1990年10月3日に再統一されるまで、「統一のための記念日」として休日にしていました。

二つのドイツが象徴する、ソ連を中心とする東側社会主義陣営とアメリカを中心とする西側自由主義陣営の「東西冷戦」体制は、第二次世界大戦の処理を巡って米フランクリン・ルーズベルト（＊5）、英チャーチル（＊6）とソ連スターリンの3人が、1945年2月4日から11日にかけて、ソ連のクリミア半島の避暑地ヤルタで、欧州分割についても話し合った「ヤルタ会談」が発端だと言われています。

冷戦体制の激化とともに、東西両ドイツも、次第に分断が固定化していきました。西独では、「本来東独は統一ドイツの一部であり、独立の国家として認めない」としていたのを、アデナウアー時代は野党であったドイツ社会民主党SPD（エスペーデー）のブラント（＊7）政権になってこれを修正し、1972年12月に東西両独が「基本条約」でお互いの国家を認めて外交関係を結び、翌年9月、国連に同時加盟を果たします。

当時、東独は、西独と別のドイツとして存在するのは、西独と「社会主義統一党SED（エスエーデー）の指導する労働者と農民の社会主義国家＝東独」とでは体制が全く異なるのだという点を強調し、そのために憲法も改正して、西独との相違点を強調するようになり、万一にも西独に吸収されて統一されるようなことがないようにしていたのです。

ちなみにブラント政権は、その後首相秘書官ギュンター・ギヨームが東独国家保安省

（シュタージ）から送りこまれていたスパイであったことが発覚し、崩壊しています（シュミット（＊8）政権に交代）。

東独も、建国当初は、社会主義の計画経済体制である程度発展し、社会主義圏の優等生「東側の日本」と言われていた時期もありました。しかし、宗主国のソ連がそうであったように、80年代にはすっかり停滞し、ベルリンでも、西から東に移動すると、建物群のみすぼらしさから西独との差は歴然としていました。

それでも東独は、憲法を改正して支配体制の強化を図る動きを見せるなど、これを改革することは全く考えていませんでした。そのような時、1985年に宗主国ソ連にゴルバチョフが登場します。社会主義体制では、共産党のトップ書記長が最高権力者であり、絶大な権力を持つ彼が主導するペレストロイカやグラスノスチは、大きな影響を及ぼすようになりました。

＊1　**ヒトラー総統**　アドルフ・ヒトラー。1889年4月20日～1945年4月30日。ドイツの政治家で、1933年ドイツ国首相となり、1934年8月のヒンデンブルク大統領の死後、個人としてその権能を引き継ぎ、国家元首となった。国家と一体であるとされた国家社会主義ドイツ労働者党（ナチス）の指導者（総統）として全権をふるい、第二次世界大戦を引き起こしたが、敗戦を目前にして、ベルリンの地下総統官邸で自殺した。

＊2　**スターリン**　ヨシフ・ヴィッサリオノヴィチ・スターリン。1878年12月18日～1953年3月5日。ソビエト連邦の政治家、軍人で、同国の第2代最高指導者。スターリンという姓は「鋼鉄の人」を意味する筆名で、本姓はグルジア語でジュガシヴィリという。

＊3　**フルシチョフ**　ニキータ・セルゲーエヴィチ・フルシチョフ。1894年4月17日～1971年9月11日。ソビエト連邦の政治家で、同国の第4代最高指導者。スターリンの死後、「スターリン批判」によってその独裁と恐怖政治を世界に暴露し、非スターリン化に基づいて個人崇拝を否定し、集団指導を掲げた。

＊4　**ケネディ**　ジョン・フィッツジェラルド・〝ジャック〟・ケネディ。1917年5月29日～1963年11月22日。共和党の大統領候補ニクソンを破り、1961年1月20日に第35代アメリカ合衆国大統領に就任したが、1963年11月22日、テキサス州ダラスで暗殺された。

＊5　**フランクリン・ルーズベルト**　フランクリン・デラノ・ルーズベルト。1882年1月30日～1945年4月12日。民主党出身の第32代アメリカ大統領（1933年～1945年）で、その在任日数4422日は歴代最長。世界恐慌、第二次世界大戦時の大統領で、脳卒中のため大戦勝利直前に死去した。

＊6　**チャーチル**　ウインストン・レナード・スペンサー＝チャーチル。1874年11月30日～1965年1月24日。イギリスの政治家、軍人、作家。チェンバレンの後任として1940年に首相に就任し、1945年まで戦争を主導した。1951年に再び首相を務め、1955年にアンソニー・イーデンに首相職を譲って政界を引退した。

＊7　**ブラント**　ヴィリー・ブラント。1913年12月18日～1992年10月8日。ドイ

ツの政治家で1964年からドイツ社会民主党（SPD）党首を務め、1969年第4代連邦首相に就任し、東方外交を展開した。1971年にはノーベル平和賞を受賞したが、ギヨーム事件で1974年にシュミットに首相を譲って辞職した。党首は1987年まで務めた。

＊8　**シュミット**　ヘルムート・ハインリヒ・ヴァルデマール・シュミット。1918年12月23日～2015年11月10日。ブラント辞任の後を受け、1974年～1982年第5代連邦首相に就任。在任中1977年のルフトハンザ航空181便ハイジャック事件では、テロ対策特別部隊のGSG-9をアフリカソマリアのモガディシュ空港に投入して果断に鎮圧した。

8 ゴルバチョフの登場

ゴルバチョフのソ連共産党書記長就任は、党政治局の長老で実力者、外務大臣として日本にもなじみの深いグロムイコ（＊1）のおかげと言われています。グロムイコは、ゴルバチョフのトップ就任の推薦演説の中で、「諸君、この人物の笑顔はすばらしいが、鉄の歯を持っている」と彼の強面の面を強調したのですが、彼の社会主義体制の変革意志は、グロムイコの予想を超えるものとなりました。

ドイツの学者は、ゴルバチョフが1987年1月、「我々は呼吸に空気が必要なように民主主義を必要としている」と発言したことを注目しています。

グラスノスチやペレストロイカもさることながら、ゴルバチョフが、1988年3月、ユーゴスラビアのベオグラードを訪問した時に、1968年の「プラハの春」をソ連軍戦車で弾圧したことを正当化するブレジネフ（＊2）の提唱した「制限主権論」、すなわち「社会主義を保護するために衛星国の国内問題にソ連は干渉する権利があるとする主張」

を否定した「新ベオグラード宣言」を表明したことは、決定的でした。

そして激動の1989年を迎えます。昭和天皇が1月7日に崩御され、翌日、日本は平成元年となりました。昭和天皇はもとより、日本でもドイツでも各界で、帝王や神様と言われた人が亡くなり、時代の変わり目を迎えます。美空ひばりや松下幸之助、ヘルベルト・フォン・カラヤンなど、著名人の死去が相次ぎました。

世の中が目まぐるしく変化する中で、8月末には、「ヨーロッパ・ピクニック計画」と呼ばれた一つのオペレーションが成功します。

ゴルバチョフの新ベオグラード宣言に勢いを得て、ポーランドやチェコと並んで自由化を進めていたハンガリーで、東ドイツから避暑に来ていた東ドイツ人に対し、オーストリアとの国境の鉄条網を切って、オーストリア、さらには西ドイツに逃げ込めるようにしたのです。

このために、ゲンシャー外相（＊3）が密かにブダペストに飛び、ドイツからの経済支援の見返りとしてハンガリー政府を取り込んだことがあとでわかりました。また、この作戦には旧ハプスブルク王家の子孫でヨーロッパ議会の議員でもあるオットー・フォン・ハプスブルクも関わっていたとは、のちに日本のＮＨＫでも報じられました。

「ヨーロッパ・ピクニック計画」の成功は、東独政府に大ダメージを与え、東独政府は、東欧圏内に限りビザなしで与えていた外国旅行の許可を慌てて撤回しました。

我々の知らないところで、ドイツを取り巻く世界が激しく変化していることにあっけにとられていた私ですが、6月のゴルバチョフのボン訪問には、直接立ち会い、ボン市庁舎の前で熱狂的なボン市民の歓迎を受けるゴルバチョフの姿を、このドイツ人の熱狂の先には何があるのかと見ていました。

＊1　**グロムイコ**　アンドレイ・アンドレーエヴィチ・グロムイコ。1909年7月18日〜1989年7月2日。ソビエト連邦の外交官、政治家。28年間外務大臣を務め、「ミスター・ニエット」の異名で知られた。ゴルバチョフ政権で、外務大臣を交代し、国家元首に相当するソビエト連邦最高会議幹部会議長に就任した。

＊2　**ブレジネフ**　レオニード・イリイチ・ブレジネフ。1906年12月19日〜1982年11月10日。ソビエト連邦の政治家で同国の第5代最高指導者。1964年のフルシチョフの失脚によりソビエト連邦共産党中央委員会第一書記に就任して最高指導者となり、1977年から死去する1982年までの間は最高会議幹部会議長を兼務したほか、ソ連邦元帥にもなった。1968年の「プラハの春」をソ連軍を投入して鎮圧した。

＊3　**ゲンシャー外相**　ハンス＝ディートリヒ・ゲンシャー。1927年3月21日〜2016年3月31日。ドイツの政治家。自由民主党（ＦＤＰ）の党首として、シュミット政権とコール政権とで連立政権を組み、1974年から1992年まで副首相兼外務大臣を務めた。

9　二人のナターシャ

ゴルバチョフの西ドイツ訪問に合わせて、西ドイツとソ連との間で、これまでに見られなかった催しが行われました。それは高校生の交換ホームステイでした。

日本大使館では、ドイツ人女性に秘書として業務の手伝いをしてもらっていました。その女性秘書の高校生の娘さんが、ボン市の募集したモスクワでのホームステイに応募し、行くことになりました。代わりに、ソ連の女子高校生を自分の家にホームステイさせた時のエピソードです。

その子の名前はナターシャ。ボン市内のソ連大使館からバスでやってきました。来る前に猛特訓をしたのでしょう。流暢ではないがドイツ語も話し、簡単な自己紹介の挨拶もするのですが、ファミリーネームまでは話しません。

2週間ほど滞在する間に、ボンでの生活にも慣れてきた彼女の様子を観察していて、いくつかびっくりしたことがありました。

おやつにバナナを出したのですが、表面の皮をむくバナナの食べ方がわからない、要するに食べたことがなかったのです。また、好物は何かと聞くと「チョコレート」だというので、スーパーに連れていってチョコレートの陳列棚の前で、「好きなのを選びなさい」と言うと、全く選べません。子供の頃から、おやつに限らず、一方的に与えられることばかりで、自分で選択するという作業はしたことがないというわけです。

あとの話になりますが、バナナについてはソ連だけではなく、東ドイツでも、西と違って東では手に入りにくい食べ物の代表として有名で、ベルリンの壁が崩壊した時、東ドイツから西側に流れ込んだ人々がスーパーでバナナを買い込んだ話が報道されていました。

居心地のよくなったナターシャは、帰国の日が近づくにつれ、「このままここにもう少しいたい」と漏らすようになりました。そこで彼女に、「大使館へは私が話してあげるから残りなさい」と言ったところ、帰国の前日になっていましたが、「そういうわけにいかないの。ドイツに来る前に、必ず帰国すると誓約書に署名してきたの」と打ち明けました。そして、自分の姓がドイツ系であることを示すフィッシャーマンであり、ソ連の地方都市オレンブルクに住み、父はパイロットをしていることなどを初めて話したのでした。

翌日、ナターシャは、大使館の迎えのバスに乗り、泣く泣くソ連に帰っていきました。

「ナターシャ」と言えば、この年の8月の夏休みに、ドイツ人の団体旅行に混じって、初めてソ連のモスクワとレニングラード（「サンクトペテルブルク」という言い方が使われだしていました）を訪れた時に、私の前に現れたのもナターシャという娘でした。

ボンのデパートに入っていた旅行会社の募集に応じ、家族でモスクワ、レニングラード3泊5日の旅を申し込んだものの、前年11月に生まれた末娘も含めた家族旅行はとても無理ですと旅行会社に一度は断られてしまいました。しかし、警視庁でソ連担当の経験のある私としてはあきらめきれず、妻を説得して一人でドイツ人の団体客の中に混じって行くことにしました。かつての視察対象のソ連の現在を見てみたいという願望が、万一のリスクの予想を上回ったのです。

デュッセルドルフからドイツのルフトハンザ航空でモスクワのシェレメチェボ第二空港に到着し、市内観光のあとホテルに泊まって、翌日も、ボリショイバレエの見学などを織り込みながら同じホテルに泊まってモスクワ観光を楽しみました。そして、翌朝、国内線専用のシェレメチェボ第一空港からソ連のアエロフロート航空でレニングラードに向かったのでした。

モスクワでも、ロシア人のドイツ語ガイドによるモスクワの河川の公害問題の説明など、ゴルバチョフの改革の影響を感じさせるものは若干ありましたが、空港に着いた時、私のスーツケースが出てくるのが一番遅く、そのうえカギはかかっていたものの一度開けられていたことが明らかで、緊張しました。

また、ホテルに着いて自分の部屋に入った途端、電話が鳴り、出ると野太いロシア人の男の声でがなり立てられるという出来事があり、かつてソ連旅行の注意点として聞かされたことと同じ状況が起こり、「やれやれ」と思ったものでした。男の声は、当局が相手の在室を確認し、当局が監視していることを思い知らせるためだと言われていました。

また、ホテルの部屋のトイレットペーパーがひどい粗悪品であったことはもとより、モスクワ市内の商店では物資が不足しており、陳列棚に空きが目立ちました。旅行の楽しみの一つであるロシア料理も全く質素なもので、注文したビールは、これまでに飲んだビールの中で最もまずく、まさに「馬のしょんべん」と言いたくなるようなものでした。ゴルバチョフが改革を標榜せざるを得ないソ連社会の停滞ぶりを実感しました。

レニングラード空港に着いて、ドイツ語を話すガイド付きの観光バスに乗って市内観光を始めました。ドイツ語のかなり達者なガリーナと名乗る30代くらいのガイドから、モスクワとは違うレニングラードの改革先進地域らしさに触れ、驚かされました。

バスが市内中心部からやや郊外の白樺林の中の道路を進んでいたところ、林の中に立派なお屋敷が点在しだしたのです。

それを指してガリーナが「皆さん、あのお屋敷はダーチャと呼ばれる帝政時代の貴族の屋敷なんですが、今は誰が住んでいるかわかりますか?」と質問します。乗客が誰も答えないと彼女は、「今は共産党の幹部が住んでいるんです」と明かします。

また、その中でも一際大きくて立派な屋敷が出てくると、「あれは警察署です」とまで話して、タブーであったはずの軍や警察施設についてまで漏らすのでした。私がバスの中からビデオ撮影しても黙認です。

さらにガリーナは、「皆さんとドイツ語で話をしていても、運転手はさっぱりわかりません。だから私はきわどい話も平気でするのです。でもソ連では、その運転手のほうが私より給料がいいのですよ」とまで語りました。

不思議な気持ちで、夕方、レニングラードで一番と言われる「モスクワホテル」にチェックインして、4階の部屋に入った時、今度は全く別の事態に遭遇しました。

部屋の電話が鳴り、モスクワの二の舞かと思いながら恐る恐る取ると、若い女性の声です。流暢とまでは言えない英語で、「日本の方ですね。私ナターシャと言います。日本の経済について勉強している学生ですが、お部屋にお邪魔してもいいですか?」と聞いてきます。

ちょっと怪しげな感じはしましたが、好奇心のほうが先に立って、「どうぞ」と言ったところ、5分ほどして部屋のドアがノックされました。開けると真っ白のワンピースに身を包んだ若い女性が一人、立っていました。「ナターシャです」と言うので、部屋に入れ、小テーブルについていた一つだけの椅子に座ってもらい、自分はベッドに腰かけて向かい合わせになって話をしました。

学生と言っていたわりには、少し老け顔のナターシャでした。また、不自由な英語で会話をしようとするので要領を得ないのですが、それにしても、なぜ日本人の自分がこの部屋にいることを知ったのかとか、いろいろ疑問が湧いてきます。そして、ベッドに腰かけている自分から向かい合わせで座っているナターシャのワンピースの、豊かな胸元が見下ろす形になって見えた時です。その胸の谷間に、白いストローのようなものが見えるではありませんか――盗聴器のマイクの先端？

これはいけない。自分は完全にKGBのハニートラップの対象にされてしまった――と悟りました。

KGBに下手に恥をかかせると命に係わる後難があることも警視庁で学びましたので、ここは冷静に、うまくナターシャと別れなければなりません。

そこで私は、「貴女にお会いした記念にお酒か煙草をあげたいから、地下の売店に買いに行ってくる」と言ってナターシャを部屋から出し、自分も部屋を出て地下に向かいました。そして売店で煙草を買い、部屋に戻り休んでいるとノックがして、開けるとナターシャがいました。

ナターシャは、同じ4階のちょっと離れた部屋にいたようで、真っ赤なワンピースに着替えています。彼女を部屋に入れてはいけないと、すかさずドアを押さえながら「ありがとう。さようなら」と1カートンの煙草を渡しました。するとナターシャは「マトリョーシカ」を渡そうとしてきますが、「煙草はたいした買い物ではないので、高価なマトリョーシカは受け取れない」と謝絶して、ようやく彼女に帰ってもらいました。

ロシア民芸品の「入れ子」人形マトリョーシカの、最後の入れ子に薬物などの禁制品を仕込まれ、出国時の検査でそれがひっかかり身柄を拘束され、スパイ承諾の誓約書に署名させられてようやく釈放というのは、KGBの典型的な手口の一つです。警視庁の経験は無駄ではありませんでした。ほうほうの体で難を逃れたのです。

とはいえ、ベッドの中に入っても、またナターシャが来るのではないかと憂鬱な気分になり、夜半から降り始めた雨音も気になって、まんじりともできませんでした。

翌朝、エルミタージュ美術館見学に行くためドイツ人と並んだホテルのロビーで、一人でいた案内のガリーナに、「夕べ恐ろしいことがあった。いまだに日本人にこんなことを仕掛けてくるソ連はけしからん。日本人を馬鹿にするな」と憂さ晴らしをしたところ、ガリーナは、深刻な顔をして、「申し訳ありません」と慰めてくれました。「あなたの勘違いでしょう」と言われるかとも内心思っていましたが、ガリーナはあっさりKGBの工作だと認めたのです。改革派とそれへの抵抗勢力、両者の動きを、レニングラード＝サンクトペテルブルクで同時に経験することになりました。

10 モスクワ行き夜行寝台列車

レニングラードからモスクワへの戻りは、夜行寝台列車でした。ドイツ人の団体客で1車両貸切のような感じでしたが、私にあてがわれたコンパートメントは4人用で、2人ずつ向かい合わせに座るベンチの上に寝台がついていて、4人でそれぞれ足を伸ばして眠ることができる大きさでした。寝に就く前にベンチに座って、1組の夫婦とその友人というバンベルク出身の年配のドイツ人と話を始めました。

レニングラード旅行の最後の夜だからというので、買ってきたウオッカで乾杯しようとなった時、グラスがないことに気がつきました。「ちょっと待って」と言って、コンパートメントを出て行った奥様が戻ってきた時、手にはグラスが4つ握られていました。

車両にはロシア人女性の見張りがついていたのですが、その女性にドイツマルク紙幣をいくらか握らせたと話していました。ソ連旅行用に、ドイツでは一番小額の5マルク紙幣を何枚も用意してきたそうです。硬貨では駄目なのですが、紙幣だと銀行でルーブルに交換できて、使い道があるのです。また、飴玉やボールペンなども用意しており、見せてくれました。「さすがですね」と思わずうなったところ、「ロシアとは長い付き合いですから」と言われ、納得しました。

ウオッカでいい気持ちになってきた私は、レニングラードでの怖い経験について、思わず話してしまいました。それに対するドイツ人の答えはこうです。

「あなたは何も心配する必要はありません。私は医者ですし、この友人は神父ですから」

――毒を盛られて病気になっても医者はいるし、万一亡くなっても葬式の神父はいる

――これには苦笑いするしかありませんでした。

この団体旅行が、東西冷戦下でいくらか緊張感が残っていたことは間違いありません。モスクワに戻って、シェレメチェボ第二空港からルフトハンザ機がデュッセルドルフに向かって無事に離陸した時、ドイツ人の乗客から一斉に拍手が湧き起こりました。

11 ベルリンの壁崩壊から統一、冷戦の終結へ

今から思えば貴重な、東西冷戦時代最後のソ連旅行を終えて、ドイツに戻ってきた時、ドイツにも大きな変化が現れだしました。そのきっかけは、やはりゴルバチョフでした。

1989年10月にゴルバチョフが東ドイツを訪問して「自由化への体制改革」を渋るホーネッカー（＊1）を叱責し、彼を失脚させたことが体制崩壊への大きな弾みとなりました。

東ドイツ政府は、ホーネッカー失脚後体制維持のグリップが弱まり、10月9日、ライプツィヒでの「報道と旅行の自由」を求める7万人のデモから始まった嵐のような「月曜デモ」（11月6日にはライプツィヒで50万人が集まり、「ドイツ一つの祖国」の標語にデモが発展）もあって、自由化を求める東ドイツ国民の動きを止めることができなくなったのです。強権的手段に訴えようにも、後ろ盾になってくれるはずのソ連軍の支えはありません。そして11月9日、社会主義統一党ＳＥＤ執行部の決定伝達の齟齬（シャボフスキー（＊2）報道官）があり、ベルリンの壁は崩壊しました。

この時の動きを少し補足しましょう。

10月7日の東ドイツ建国40周年式典を訪問した、ソ連共産党ゴルバチョフ書記長の支持を期待していたホーネッカーに対し、ゴルバチョフは、「遅れて来た者は人生に罰せられる」とホーネッカー批判とも取れる言葉を述べ、東ドイツ社会主義統一党SEDの他の幹部たちにも、ホーネッカーにはもはや宗主国ソ連の支持が得られていないことが明らかとなってしまいました。そして、10月17日、社会主義統一党中央委員会の政治局会議で、シュトフ首相（＊3）によるホーネッカー解任動議が突如提案され、ホーネッカー以外の全員賛成でこの決議が可決。翌日の中央委員会総会で正式にホーネッカーが退陣するという、いわばクーデターが起こってしまっていたのです。

ホーネッカーの後を継いだのは、「皇太子」と呼ばれていたクレンツ（＊4）でしたが、国民はおろか社会主義統一党の党員たちからの信頼も不十分で、旅行の自由を求めデモを行い、あるいはチェコスロバキアの首都プラハの西独大使館に流れ込んだりする東ドイツの人々への対応に行き詰まっていたのでした。

新しい旅行制度をめぐって、11月8日からの社会主義統一党中央委員会総会は、大変混乱していました。人民議会で否決された政府提案の新しい旅行法案に代わって、「旅行許可に関する出国規制緩和」に関する政令が策定され、プレス発表されることになったのです。

しかし、内外の記者を前にしたシャボフスキー報道官は、政令案について討議していた中央委員会には出席しておらず、クレンツから渡された政令の内容の理解が不十分なまま記者会見に臨んでしまい、記者からの「いつからこの規則は適用されるのか？」との質問に対し、翌日10日からであったにもかかわらず、「ただちに、遅滞なく」と答えてしまうなど、不用意な回答を行ってしまいました。

このことが西側のメディアを通じ、「ベルリンの各国境検問所から直ちに西側へ出国できる」と伝えられ、国境検問所の司令官も、殺到した群衆を本来の規則通りに抑えることができなくなり（「党中央へお伺いを立ててもつながらず、流血の事態を避けるには壁を開放するしかなかったのだ」と苦しい胸の内をあとで語っていました）、ついに各国境検問所から東ドイツ人が西側になだれ込むとともに、翌日には、ベルリンの壁をハンマーで打ち壊す者も出てきたのでした。

西ドイツの首都ボンでは、この夜、連邦議会で法律の審議が行われていましたが、ベルリンの国境検問所の開放の報道が伝わると、与野党を問わず議員が審議を中断して、「ドイツ国歌」を斉唱し始めました。ベルリンの壁の崩壊から、ボンの国会での議員の国歌斉唱まで、私はボンの自宅にあって、これを報じるテレビにくぎ付けになっていたのですが、全く訳がわからない状態だったというのが正直なところでした。

予想もしなかったことが起こってしまったのです。そして、12月2〜3日、地中海のマルタ島で、東西冷戦の東の代表ソ連のゴルバチョフと西の代表米のブッシュ（＊5）が会談（「マルタ会談」）して、冷戦の終結（「ヤルタからマルタへ」）を宣言したのでした。

ベルリンの壁崩壊から、東西ドイツの統一がわずか1年以内に達成されるとは、当初予想した者はほとんどいなかったと思います。しかし、ドイツの政権与党の中では、この機会を逃してはいけない、なんとしてもこの機会をものにするのだと、政治家と官僚が一体となって大車輪で取り組んでいました。

1990年2月10日、コール首相は訪ソし、ゴルバチョフを説得して両独の早期統一を容認させますが、その3日前の2月7日に、ドイツ政府内にコール首相を委員長とする「ドイツ統一」という閣僚委員会を設けて、統一の具体的な準備を始めます。

この委員会には、財務大臣を主管とする「通貨同盟の創設と財政問題の分科会」、経済大臣を主管とする「東ドイツの経済改革の進展、エネルギー、環境、インフラ問題の分科会」、労働・社会秩序大臣主管の「労働と社会秩序の調整と教育、訓練問題の分科会」、法務大臣主管の「法律問題、特に両国の法律の調整問題の分科会」、内務大臣主管の「国家構造と公秩序問題の分科会」、そして外務大臣主管の「外交と安全保障問題の分科会」の六つのワーキンググループが設けられ、作業を始めていたのでした。

　そして、早期統一には、基本法23条を適用して、東ドイツを編入（吸収合併）するのが近道だと意思統一していたのです。

＊1　**ホーネッカー**　エーリッヒ・ホーネッカー。1912年8月25日〜1994年5月29日。ドイツ民主共和国（旧東ドイツ）の政治家。1971年にドイツ社会主義統一党（SED）の書記長に就任し、1976年には第3代国家評議会議長として東ドイツの最高指導者となったが、「東欧革命」で、1989年に失脚した。

＊2　**シャボフスキー**　ギュンター・シャボフスキー。1929年1月4日〜2015年11月1日。東ドイツの政治家、ジャーナリスト。SEDの報道官として出国に関する党政治局決定の誤伝達を行い、ベルリンの壁崩壊のきっかけを作った。

＊3　**シュトフ首相**　ヴィリー・シュトフ。1914年7月9日〜1999年4月13日。東ドイツの政治家で、閣僚評議会議長（首相）を1964年から1973年まで、1976年から1989年までの二度務めるとともに、その間1973年から1976年までは国家元首である国家評議会議長を務めた。統一後1991年には、ベルリンの壁における越境者射殺で逮捕されたが、健康上の理由で釈放されたのち、ベルリンで死去した。

＊4　**クレンツ**　エゴン・クレンツ。1937年3月19日〜。東ドイツの政治家で、失脚

したホーネッカーの後任として1989年10月18日、社会主義統一党書記長に就任し、同月24日には人民議会によって正式に国家元首である国家評議会議長に選出された。ベルリンの壁崩壊後、12月3日に党書記長を辞任するとともに、12月6日には国家評議会議長も辞職した。ドイツ再統一後、ベルリンの壁における越境者射殺と不正選挙の責任を問われて起訴され、最高裁の有罪判決の結果、1999年12月から2003年12月にかけてプレッツェンゼー刑務所で服役した。

＊5　**ブッシュ**　ジョージ・ハーバート・ウォーカー・ブッシュ。1924年6月12日～2018年11月30日。米の下院議員、CIA長官、第43代副大統領、第41代大統領（1989年～1993年）を歴任し、第43代大統領の同名の長男と区別するため、「父ブッシュ」と呼ばれる。

12　ドイツ再統一

統一の形は、基本法23条を適用することをうたった両国家間の「ドイツ統一の達成のための条約」が、1990年8月31日に両国で調印され、両国の議会でも批准されて、10月3日の統一へと進んだのですが、実際には、西ドイツ財務大臣テオドール・ヴァイゲルと東ドイツ財務大臣ヴァルター・ロンベルクとの間で交渉された「通貨・経済・社会同盟の創設のための国家条約」が5月18日に両国で調印され、勝負がつきました。7月1日から東ドイツにも西のドイツマルクだけを有効な通貨として運用し、かつて実勢価格1／3～1／4くらいだったのが、壁崩壊後は1／15～1／20くらいまで暴落していた東ドイツマルクを、西ドイツマルクと1対1の扱いで買い取って、東ドイツ国民の経済的不安の解消を図り、一挙に早期統一への流れを作ったのです。基本法23条による編入統一は、この頃東ドイツの側からむしろ声高に叫ばれるようになっていました。

両独国内の動きはそのように収れんさせていきながら、ドイツを取り巻く戦勝国4か国との間の法律関係の決着も実に巧みに行われました。

米英仏三国の中でも、英首相サッチャー（＊1）は、大ドイツ復活への脅えから、なんとかドイツ統一を阻止しようとゴルバチョフに直訴していました。ドイツが拡張主義に走るとすれば、たとえばポーランドとの国境問題について、戦後のオーデル・ナイセ線をどうするかという問題が生じるのですが、ポーランドのオーデル・ナイセ線外側の旧ドイツ領難民問題を所管する連邦内務大臣ショイブレ（＊2）は、この問題を心配する米ブッシュ政権のベイカー国務長官（＊3）に対し、「ドイツはポーランドとの今の国境線を変更する気持ちはない。その証拠に、東ドイツ統一と同時にそれを可能にした基本法23条の規定は削除する」と表明して、米の信頼を得、それを実行したのでした。

英も結局、このような流れにはさからえず、2（両独）プラス4（米英仏ソ）の会談を積み重ねた結果、9月12日には、「ドイツに関する最終的規定に関する条約」をモスクワで調印し、国際法的にはなお米英仏ソ4軍の占領下に置かれていたベルリンの主権もドイツに完全回復させるに至りました。

サッチャーの反対に触れましたが、世紀の事業ドイツ統一（ドイツでは、「再統一」と称する）の内幕については、次にお話しします。

＊1　**サッチャー**　マーガレット・ヒルダ・サッチャー。1925年10月13日〜2013年4月8日。1975年イギリス保守党初の女性党首に就任し、1979年からは初の女性首相となって1990年まで務めた。保守的かつ強硬な政治姿勢から「鉄の女」の異名をとった。

＊2　**ショイブレ**　ヴォルフガング・ショイブレ。1942年9月18日〜。CDU党員で1972年に連邦議会議員に初当選し、1984年第2次コール内閣に国務大臣兼首相府長官として入閣後、第3次コール政権の成立に伴い1989年4月から内相に転じ、1990年の東西ドイツ再統一条約交渉に西独側代表として参加し、8月31日に調印した。第2次、第3次メルケル内閣で財務相を務めた後、2017年からドイツ連邦議会議長を務める。

＊3　**ベイカー国務長官**　ジェイムズ・アディソン・ベイカー。1930年4月28日〜。米の政治家で、第1次ロナルド・レーガン政権で大統領首席補佐官を務め、第2次レーガン政権では財務長官を務めた。父ブッシュ政権で国務長官に就任した。

13 冷戦終結、ドイツ再統一の内幕

1989年という年は、本当に不思議な年でした。ボンの町が歴史に登場して2000年でしたが、社会主義の理念にも影響を与えたフランス革命（自由、平等、友愛）から200年という記念の年でもありました。そして、第二次世界大戦の開戦の指導者、ヒトラー、スターリン、ルーズベルト、チャーチル、蒋介石（＊1）等皆亡くなって、最後の生き残り、昭和天皇が崩御されたその年に、第二次世界大戦の人類への最大の負の遺産「冷戦」が解消していったのです。

この第二次世界大戦をめぐる昭和天皇の偉大な役割について、私は、1989年にボンで、1冊のドイツ語の本によって目を開かせられました。

ドイツ語で『レーデン（演説）』という題名のその本は、副題が「世界を動かした演説集」と付けられていました。1095年のローマ教皇ウルバヌス2世のフランスの騎士たちに向かって「十字軍遠征」を呼びかける演説や、1521年のマルティン・ルターの宗

教改革の時の演説、近現代では、1938年のプレス向けのヒトラーの演説、1940年のチャーチルの首相就任演説、さらには西ベルリンでのケネディの「イッヒビンアインベルリーナー」演説など、まさに古今東西の名演説が網羅されていました。その中で日本人では、内村鑑三の「日本とキリスト教」と、1945年の昭和天皇の「終戦の詔勅」が登載されているのでした。

第二次世界大戦の終結に向けて、日本で昭和天皇がいかに重要な役割を果たされたか、日本人以上にドイツ人の間で高く評価されていたのでした。

さて、ドイツ統一いや再統一に向けての西側の動きに戻りましょう。西側自由主義陣営の中で、この「二つのドイツ」という第二次世界大戦の最大の負の遺産の解消に向けての動きは、決して一枚岩ではありませんでした。

英のサッチャー首相は、大ドイツを警戒し、当時訪独した海部首相を迎えての1990年1月のベルリン市庁舎での海部首相歓迎パーティーでも、ベルリン駐留の英軍司令官夫人にまで、情報収集に当たらせるほどでした。

「ボンで、コール首相と海部総理との間でドイツ統一の話は出ましたか？」と、パーティーに出席していた私に、英軍司令官夫人を名乗る品のいいイギリスレディが露骨に聞いてきたのです。

もちろん「わかりません」と一蹴しましたが、海部総理の西独訪問では、その警備が私の最後の大仕事でした。ボンの首相官邸での海部総理からの「今後のドイツ統一の見通し」についての質問に対し、「これは難しい。最低10年はかかるだろう」とコール首相が答えていたのは、足を引っ張るサッチャー向けのカモフラージュだったようです。

また、アデナウアー・ドゴールの関係を見習って、コール・ミッテランの盟友関係を築き上げていたはずの仏のミッテラン大統領（＊2）でさえ、国内では、「私はドイツが好きだ。だから一つよりも二つあったほうがいい」と冗談を飛ばしていたそうです。しかし、サッチャーのように本気になって足を引っ張ったわけではないので、ドイツの要人がほとんど出席しなかった6年前のサッチャーの準国葬の時と違って、ミッテランの葬儀にはコール自身も出席して涙を流していました。

もっとも、ミッテランの反対はかなり強硬で、コールがミッテランに対し、将来強いドイツマルクを捨てて、フランスと共にEUに共通通貨（ユーロ）を導入することを約束したため、賛成に回ったことがわかっています。

英向けに10年はかかると言いながら、閣内では「時機を失してはいけない。なんとしても1年以内に統一する」と発破をかけ、それに答えて、ワーキンググループを設けて取り組んだドイツ政府では、政治家と官僚が一体となって、これを達成しました。

1993年に、私が出張先のドイツで偶然入手した、コール首相と並ぶドイツ統一の立役者ショイブレ元連邦内務大臣の「統一条約」という回顧録を読み進めると、連邦内務省憲法局のシュナップアウフという課長が、この統一条約の取りまとめに大活躍する話が出てきてびっくりしました。シュナップアウフ氏は私がドイツ赴任当時、連邦内務省の警察局で、警察担当の内務次官の秘書官をしていたのです。

そのシュナップアウフ氏から赴任間もないある日、突然呼び出しを受け、連邦内務省警察局の次官秘書官室へ赴くと、シュナップアウフ氏から渡された名刺を見て、目が丸くなりました。ドイツ人は結構肩書にうるさく、官職もさることながら、博士号などを持っていると必ず表示します。シュナップアウフ氏には、名前の前に博士号のDr.の表示が2つもあったのです。物腰柔らかくジェントルマンのシュナップアウフ氏でしたが、着任間もなくドイツ語も不自由だった私に対し、「英語で話そうか?」と聞かれたのには参りました。まだ下手だけどドイツ語でお願いしたいと泣きを入れて、仕事を進めました。

次官から直轄の大事な話のやり取りに何回か次官秘書官室に通ううち、そのシュナップアウフ氏が突然いなくなり、別の人がそのポストに座っていました。「どうしたのか?」と聞いたところ、「シュナップアウフ氏は仕事のやり過ぎで休暇も取れず、このままでは離婚だと奥方に突き上げられて休暇に行っている。当面私が代わりをやります」とのことで、日本より女性が強いことは想像していたが、大事な仕事を抱えているこんな時に大丈夫なのだろうかと思っていました。日本には外務大臣への直接報告案件であった大事な話が無事一件落着したあと、シュナップアウフ氏の消息を尋ねたところ、シュナップアウフ氏は警察局を外されて憲法局に左遷されたのだと聞き、ドイツも思ったほど休暇の取得に寛容ではないのだなと心の中で納得していたのでした。

博士号を2つも持っていたシュナップアウフ氏が連邦内務省の最優秀の官僚の一人であったことは間違いないと思います。彼が「憲法局」という所を得て、持てる学識を十二分に発揮して、ドイツ統一という最も大事な場面で活躍してくれたことは、彼とひょんなことで交流のあった私にとって望外の喜びでした。

＊1　**蔣介石**　チアン・カイシェック。1887年10月31日～1975年4月5日。初代中華民国臨時大総統にして「国父」の孫文（1866年11月12日～1925年3月12日）の後継者として北伐を完遂し、中華民国の統一を果たして同国の最高指導者となるが、国共内戦で毛沢東率いる中国共産党に敗れて1949年より台湾に移り、その後大陸支配を回復することなく没した。名は中正で介石は字だが、蔣介石の呼び名で知られる。

＊2　**ミッテラン大統領**　フランソワ・モリス・アドリヤン・マリー・ミッテラン。1916年10月26日～1996年1月8日。フランスの「社会党」所属の政治家で、1981年から第21代大統領を2期14年にわたって務めた。

14 エピローグ

今では「ドイツ統一宰相」と尊敬の念を込めて呼ばれるコールも、私が西ドイツに赴任した当時は、その容貌が下膨れの洋ナシを意味する「ビルネ」とあだ名され、学歴の割に英語も不得意に思われたところから、その知性についてジョークの対象ですらありました。

しかし、足を引っ張るサッチャーへのカモフラージュで、対外的には「統一には最低10年はかかるだろう」としながら、政府内では「なんとしても1年以内に統一する」と、ショイブレ率いる連邦内務省を中心として、各省庁を馬車馬のように頑張らせた結果、見事に統一を達成しました。

ベルリンの壁崩壊と冷戦終結宣言の１９８９年から20年目の２００９年10月31日、前年自宅で転倒して療養中だったコールも、父ブッシュとゴルバチョフとのベルリンでの会談に参加し、父ブッシュが「壁崩壊とドイツ統一は、冷戦を終わらせただけでなく、２回の世界大戦の傷跡を消し去った」と言い、ゴルバチョフが「政治家ではなく、国民が英雄だった」と言ったのに対し、「誰も信じていなかった統一を成し遂げたのは誇りだ」と言って、喝采を浴びました。

コールは、2017年6月16日に亡くなって、ドイツの国葬ではなく、初めてのEU葬が、EU議会の所在地でドイツとの国境に近いフランスのストラスブールで行われ、「偉大な欧州人」として讃えられました。アデナウアー以来、単なるドイツ一国の枠を超えて、仏独を中心としたヨーロッパの枠組みで政治を進めてきたコールも、本望だったに違いありません。

また、統一の重い負担も、好調な経済に助けられ、メルケル政権では、連邦財務大臣の重責を果たしたショイブレの活躍もあって、いつの間にか解消されています。2018年の9月の総選挙以来、連立政権の組み合わせで難航した第4次メルケル政権も、再び、社会民主党との大連立政権（グロコ）にこぎつけ、ようやく発足し、難民問題やテロの荒波にもまれながら、なんとか続いています。

父が東ドイツで牧師を務めていて、ハンブルク生まれながら東ドイツのライプツィヒ大学で物理学を専攻していたアンゲラ・メルケルは、ドイツ統一の過程で、政治を志し、コールに引き立てられ、首相にまで上り詰めました。彼女の執務室には、尊敬する人物として、北ドイツの地方貴族の娘からロシア帝室に輿入れし、女帝にまで成り上がったエカチエリーナ2世（*）の絵が架かっているそうです。今は「ムティ（国母）」との愛称のメルケルがいよいよ「カイゼリン（女帝）」と呼ばれるようになるのか、難民受け入れ政策の推移を含め、今後の彼女の政権運営が注目されます。

＊　**エカチェリーナ２世**　エカチェリーナ２世アレクセーエヴナ。１７２９年４月21日〜１７９６年11月６日。北ドイツポンメルン（現在ポーランド領）のシュテッティンで神聖ローマ帝国領邦君主アンハルト＝ツェルプスト侯クリスティアン・アウグストの娘として生まれ、ルター派の洗礼を受け、ゾフィー・アウグスタ・フレデリーケと名付けられた。１７４５年にロシア皇太子ピョートル・フョードロヴィチと結婚するにあたって、ロシア正教に改宗し、エカチェリーナ・アレクセーエヴナと改名した。
　ピョートルは１７６１年12月25日に皇帝（ツァーリ）に即位し、ピョートル３世となったが、失政で廃位され、１７６２年９月22日、ゾフィーがエカチェリーナ２世として即位した。プロイセンのフリードリヒ２世（大王）やオーストリアのヨーゼフ２世と共に啓蒙専制君主の代表とされ、ロシア帝国の領土をポーランドやウクライナに拡大して大帝（ヴェリーカヤ）と称された。

あとがき

2018年4月の末から5月の連休の始めにかけて、4泊6日で、ベルリン、ボンと、ドイツを駆け足で旅行しました。1988年11月にボンで生まれた末娘が、テレビ番組に触発されて、「自分の生まれたボンの町を自分の目で見てみたい」と言い出したため、テロ事件の頻発しているヨーロッパ、ドイツへ娘一人で行かせるわけにはいかないと、プライベートでは初めて、妻と娘の3人で、28年ぶりにドイツを訪れたのです。

ベルリンでは、ハッケシャー・マルクトという往時は東側の地域で観光名所の「博物館島」にも近い所にあるアディーナ・アパートメントホテルというホテルに泊まり、博物館島のペルガモン博物館や新旧の国立美術館を横目にしながら、ブランデンブルク門まで歩いていったのですが、ブランデンブルク門の前にあったベルリンの壁は跡形もなく、帝国議会を修復して再建した連邦議会には内外のお客が殺到して、当日見学はできないほどの賑わいを見せていました。東京見物に日本中からお上りさんが来るように、今やベルリンにもドイツ国内からお上りさんが集まってきているのでした。

統一後、東西の経済格差が大きな問題となり、西側のドイツ人をヴェッシー、東側のドイツ人をオッシーと称して差別するような空気もあったのですが、今ではドイツ政府の必死の努力でかなり解消されているように見えました。なんといっても、東独出身の政治家が首相になり、大統領（ガウク前大統領）になっていましたから、経済的な面だけではなく、東独出身者の心の拠り所という点で、「東ドイツの体制は悪かったが、東ドイツ人も捨てたものではない」という誇りを取り戻せたのではないでしょうか。

東ドイツの人々への気遣いという点では、ベルリン市内で、東側の信号機にだけいまだに「アンペルマン（信号男）」という歩く姿の男を青信号の表示の中に残していることや、ブランデンブルク門に続く「ウンター・デン・リンデン」の大通り沿いにある、今はフンボルト大学と称するベルリン大学が、そこでカール・マルクスが学んだことを大きくアピールしていることなどが目につきました。

ボンに着いて、ケーニヒスホフ・ホテルに泊まった時に、予期せぬ出来事が待ち受けていました。赴任当時妻のドイツ語の家庭教師だった、ボン大学の日本語学科の学生だった女性から突然メールをもらい、「私は今パリにいるのでお会いできないけれど、ボンに着いたら、一人でいる母に電話を入れてもらえませんか、楽しみにしていると思います」というのです。

朝、ホテルで市内電話のかけ方を教えてもらってメールの電話番号に電話すると、無事に夫人につながりました。その日の4時に、ボン2区にある「シュタットハレ（市民ホール）」で待ち合わせをしようというところまで、話はトントン拍子に進みました。

娘が運転するレンタカーで4時前に市民ホールに着き、その正面玄関で夫人を待ったのですが、30分過ぎても姿が見えません。時間に厳格なドイツ人にしては、おかしなことがあるものだと思っていたところ、娘が裏にレストランがあることを発見し、そこを覗いてみると、夫人が一人で座っていました。

ミディケ夫人は、2時にはそのレストランに着いて、白アスパラガス（シュパーゲル）の昼食をとって、4時半過ぎまでずっとそこで待っていたのでした。ケーキにコーヒーを飲みながら再会を喜び、話が弾みました。国防軍の軍人だったご主人が3年前に亡くなり、それから一人でアパート暮らしで、ほかに身寄りもないのだけれど、趣味の絵描きやツアー旅行などで楽しくやっているし、パリに住む一人娘も、ときどき二人の孫を連れて遊びに来てくれるということでした。

あっという間に時間が過ぎて、彼女を車でアパートまで送っていきました。昔、夫婦でお邪魔したアパートでしたが、一人暮らしになっても、ドイツ人らしく美しく整頓され、壁には旅行の思い出の品々が飾られていました。

居間に小さなテーブルが置いてあり、彼女がその上に立ててある綺麗な額縁の写真を指差しました。彼女と亡きご主人が盛装で並んで写っている写真でしたが、なんとその写真には、私と妻がプレゼントしたというサインが入っていたのです。ご主人の60歳の誕生日の記念ダンスパーティーを市民ホールのレストランで行い、それに招待されて駆けつけた私と妻からのプレゼントの額縁写真だったのでした。

謎が解けました。彼女にとって「市民ホール」と言えば、思い出のダンスパーティーを行った「市民ホールのレストラン」以外の何物でもなかったのです。そのことをすっかり忘れていた私は、「市民ホール」と言われてその正面玄関でじっと待っていたわけですが、7時過ぎ

ボンのマルクト広場

まで明るいボンの市内が少し暗くなりかけた帰り道の車内は、これまでにない温かい気持ちに包まれて明るくなっていました。

　このようにセンチメンタルジャーニーとしてはできすぎの今回のドイツ訪問でしたが、無事に帰国して一か月過ぎた頃、とんでもない災難が降りかかってきました。

　ボン市役所からドイツ語で、オービスで撮った写真付きで、レンタカーを運転していた娘がスピード違反をした（時速50キロ制限のところを67キロで走った）から、反則金35ユーロをボン市役所の指定の銀行口座に振り込みなさいという通知でした。

　娘は、日本の自分の都市銀行の口座から泣く泣く35ユーロを振り込み、手数料は反則金より高い８０００円取られました。これで「やれやれ」と思っていた１週間後、今度はボンのレンタカー会社から、悲しい通知が届きました。

「当局から、お客様がスピード違反をしたので、そのお客様の情報を提供しなさいという要請があり、ドイツの法律に従い、当社はお客様の情報を当局に提供し、その手数料としてかかった20ユーロは、お客様のクレジットカードから天引きします」

「ドイツ畏るべし」です。レンタカー会社から娘が車を借りる時、交通違反特にスピード違反はしないようにという注意は受けており、ミディケ夫人と会いにいった時に、電車道の下道のトンネルのような道路を走った際、一瞬ピカッと光って写真を撮られたような気はしていたのです。しかし、まさか日本にまで、その反則金の請求がくるとは予想していませんでした。正確に書かれていた郵便番号を手がかりに、日独両国の良好な郵便事情が裏目に出て、ドイツからの通知文書は我が家に到達してしまいました。

それでも、「またドイツへ行こうよ。今度は二度とスピード違反のへまはしないよ」と娘はやけ気味に宣言しています。駐在時代を含めて、ドイツからまだ学ぶことは多いと改めて痛感させられたドイツへの旅でした。

（了）

著者プロフィール

宮越　極（みやこし　きわむ）

昭和28年　石川県生まれ
昭和47年　金沢大学附属高校卒業
昭和51年　東京大学法学部卒業

昭和52年に警察庁入庁後、埼玉県警察本部警務部長、徳島県警察本部長、茨城県警察本部長、国際警察センター所長、中国管区警察局長等を経て、平成24年、関東管区警察局長で退職。この間、内閣官房、外務省、公安調査庁等に出向
平成24年以降、大成建設株式会社監査役、日本生命保険相互会社顧問等を務める
埼玉県在住

ドイツ統一と天皇　ドイツ駐在の思い出

2019年10月15日　初版第１刷発行

著　者　宮越 極
発行者　瓜谷 綱延
発行所　株式会社文芸社
〒160-0022　東京都新宿区新宿1－10－1
電話　03-5369-3060（代表）
03-5369-2299（販売）

印刷所　株式会社フクイン

ISBN978-4-286-20877-0